黒田知永子

Only My Way

とっておきのワンピース

宝島社

はじめに

“ワンピースはおでかけ着”と思っている方が多いように思うんです。
私も昔はそう思っていた。
でもワンピースは、一枚で着られて迷う必要がない。
実はコーディネートの幅も広いし、すごく便利で私は大好き。
今の私は普段着にもするし、おでかけのときも、
特別な場所にも着ていきます。
私にとって、身近で、特別で、とっても愛おしい存在。
それがワンピースです。

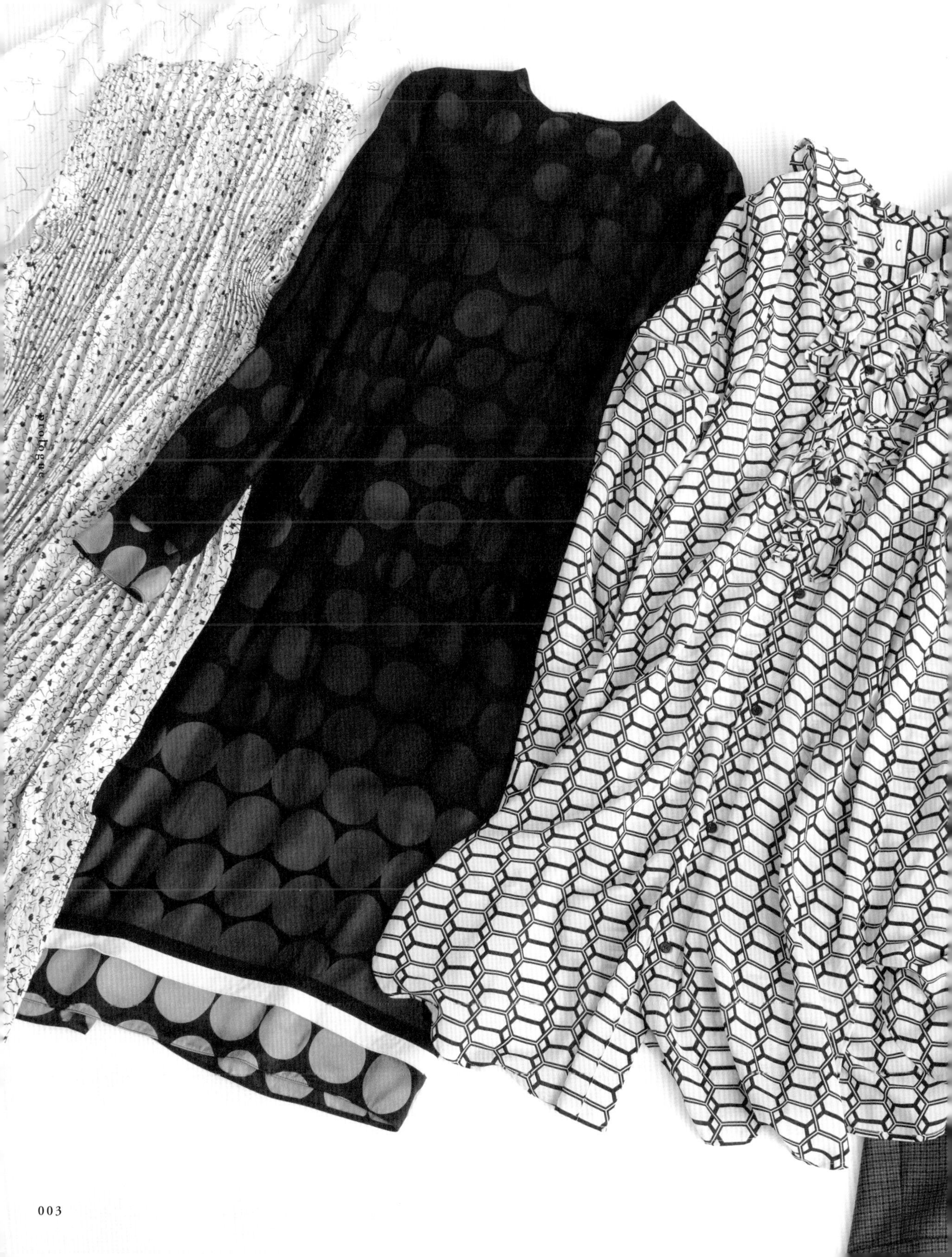

年を重ねたことで、ファッションも自由になった。

私がワンピースを好きになったのは、40歳を過ぎた頃から。若い頃は今ほどワンピースを持っていなかったような気がします。シャツとスカートと、パンツの組み合わせが多かったかな。子どもが小さかった頃は、学校の行事にはセパレートのスーツを着ることのほうが多かった。いつ頃からワンピースが好きになったのかなと思い返すと、そのきっかけは髪を短くしたことだったように思います。雑誌『ＶＥＲＹ』の終わり頃、30代後半にショートヘアにしたことで、女性らしいものが選びやすくなった。40代になり『ＳＴＯＲＹ』に出始めた頃からは、ショートヘアならではのファッションがどんどん楽しくなり、段々とワードローブにワンピースが増えていきました。

私の場合、年を重ねるごとに服の選択肢が広がったように思います。あんまり年齢のことを気にせずに、いろんなものを着てみると新しい発見がある！というマインドになれたんです。20、30代のときは敬遠しがちだったフリフリした可愛らしいものや、ちょっとフェミニンなワンピースなども今は大好き。腕の形がたるんだなぁとか、膝を出したくないとか、若いときのように着られなくなったものもたくさんあるけれど、服を選んでいるときの「自由」は若いときよりも圧倒的。今のほうが楽しんでいます。

　もちろん、若い頃より経済的に余裕があるというのも理由のひとつだと思う。お金も自由にならず、その中で服を買う経験も十分してきているから、その頃に比べたら新しいものを取り入れていこうという気持ちが強くなったのかもしれません。

　それに今はファッション自体がすごく自由になっていますよね。昔はここはデニムで入っちゃいけないとか、ドレスコードがもっときっちりしていたけれど、今はその辺も緩くなったというか、全体的にカジュアル化している。それに世代や性別ごとに「こういうものを着なくちゃいけない」というセグメントも減りましたよね。そういう楽しめる環境が整ってきているというのも大きいと思います。

　年を重ねると、気持ちが自由になるんですよね。「私はこれだからダメ」みたいに思い込んでしまうこともあるけれど、そんな先入観は捨てていいと思います。若い頃の自分と比べて「あんまり似合ってないかな」とか「あの頃のようには着られないな」と考えがちだけれど、

私のワードローブは積み重ね。
好きなものを吟味して、
お気に入りを長く着る。

自信を持って着てしまえばまた違う雰囲気が楽しめて素敵。それでいいんじゃないかなと思っています。私も昔は、この年になって娘とデニムを共用することがあるなんて考えられなかった（笑）。ファッションは、気楽に自由に楽しんだ者勝ちだと思います！

今回、この本では私のお気に入りから22着のワンピースを紹介しています。これでもまだ一部。そう、たくさん洋服を保持しています（笑）。最近はリーズナブルなお洋服を買って、その年着たら捨ててしまう。そしてまた新しい流行のものを買う、というパターンも増えているようですが、私は好きで買った洋服をすぐに手放したりはしません。だから当然増えてしまう。しばらく着ていなくて奥の方にかかっている服も、何年か経ってから「そうだ、これ好きだったんだ！」「うん、やはりこの型可愛いな〜」と、またそれを着たり。なかなか手放す決断ができないのです。本当はもっと少数精鋭にしたいのですが。でも、そうやって積み重ねてきたお洋服たちが、今の大切な宝物になっているんですよね。

私たちの世代は、20代のときに海外ブランドが続々と日本に入ってきて、それはそれは素敵だった。ファッションが楽しくなるお年頃でもあり、そんなブランドに対する憧れは一層強いのかもしれません。だから、今でもブランドは大好き。やはり素敵！　ブランドものだから着るというより、デザイナーや職人が作るものの美しさやこだわりに惹かれるのかもしれません。好きなものを着て、気分上々です。きちんとお手入れして保管すれば何年も着られる。素敵なブランドのワンピースには、そういう特別な価値があるんだと思います。

お買い物をする場所は特に決まっていません。表参道、伊勢丹、ときには遠足気分で御殿場のアウトレットに行くことも。あとは、海外で買ったものも多いです。自分のサイズがわかっているものは通販を使うこともありますが、基本的にはお店を訪れて買います。

買う基準は、「可愛いものに出会ったら」。以前に比べて物の値段が高くなっているので、その洋服の価値と価格のバランスが難しくなってきている。どれくらい欲しいか……、その確認が大事ですよね。値段が高くなった分「買いたい！」のハードルは上がっているのかもしれません。お買い物の仕方は人それぞれだと思いますが、私はこれが欲しいという目当てがあって買いに行くことよりも、なんとなくお買い物に行って可愛いものを見つけてしまうことが多い。もう絶対これは「好き」「着る」と思えば即決。ちょっとひっかかるときは一度帰って考えます。特に高価なものを買うときは理由づけが必要。これとこれに合うなとか、この素材でこの値段はいいなとか、もうすぐ誕生日だから自分へのプレゼント！とか、そんなことを考え、そのちょっと高価なお買い物を正当化しています。購入したものを自分のクローゼットにしまうときはにんまりです。

prologue

何を買うかは、出会ってから決める。
可愛いと思ったものだけを、
厳選して迎えたいから。

Chapter

1

,

My Basic

一番自分らしい、
黒ワンピース。

ワンピースに限らず、
黒のお洋服が大好き。
自分らしく、落ち着きます。
何を着ようかな……とクローゼットを開けると
つい選んでしまう相棒みたいな存在。

昔からずっと黒が好き。オールマイティだし、何より着ていて落ち着きます。

ワンピースに限らず、私が持っている服はほとんどモノトーン。しかも、黒が圧倒的に多いんです。元々黒、紺、グレーなど、落ち着いた色合いが好きで、若い頃から服も、靴も、鞄もモノトーンが中心でした。

黒は、地味なようで派手。黒＝地味と考える方が多いけど、決して地味な色じゃないと私は思っています。年を重ねた肌ではくすんで見えてしまうと心配する方もいるかもしれません。でも、黒は肌の色をきれいに見せるし、着ていて落ち着くし、私は全身黒でも全然いい。夏には暑苦しいと思われがちですが、私は夏でも黒を着ます。

レースやフリルがついてデコラティブだな〜と思うワンピースでも、黒というだけで着やすくなるし、派手な色や柄も、ベースカラーやレイヤードに黒があると取り入れやすくなる。黒だから着られるアイテムは結構多いのかも。前のページで着用しているチュールのワンピースも、私は黒だから買ったんだと思います。

それに、ラグジュアリーなワンピースはやっぱり黒がいい。白やベージュと違って、黒ならどんな場所にでも着ていけるから。

服だけでなく、自然と小物も黒が集まっています。今は海外の人達に向けた展開が多いせいか、ブランドによっては黒、こげ茶、紺などのシンプルなものが店頭から減ってしまった気がしますが。

日本人にとって黒やモノトーンは、一番スタンダードで落ち着く色なのかもしれないですね。パッと一枚着ればサマになる。そんな黒のワンピースは私にとって、一番楽で落ち着く、頼れる相棒のような存在。何を着ようか悩んだときのお助けアイテムでもあります。

Basic Black no.01

上質でシルエットの美しい、
お気に入りのベルベット。

VELVET SHIRT DRESS

代々木上原のセレクトショップで出会ったＭＭ６のワンピース。ベルベット素材で、長めの丈。かなり気に入っている一枚です。ベルベット素材だと着膨れするかな?って思いがちですが、丈がある分落ち感があって、すごくきれいなシルエットを作ってくれるんです。着ていてもよく周りに褒めてもらえるワンピースですね。

ちょっと前に買ったものですが、今もよく活躍しています。娘もお気に入りなんですよ。

一枚でシンプルに着て、歩きやすいレースアップのブーツを合わせたり、少しエレガントなヒールのブーツを合わせたり、モードにも女性らしくも着こなせます。

MM6 Maison Margiela

ジャケットみたいなテーラーカラーにシャツサイズのミニマムなボタンがズラッと並んだデザイン。ベルベット素材も相まって、少しクラシカルっぽい品の良さがお気に入りです。

Styling 01

オールブラックのモードルック

ワンピースと同じベルベットで揃えたバッグはザ・ロウのもの。6〜7年前にニューヨークで買いました。昔のおばあちゃんが持っていたようなころっと丸い布バッグで、形が可愛いんですよ。きれいめにもカジュアルにも合うので、結構よく使っています。このセリーヌのショートブーツも、つい何にでも合わせてしまう登場頻度の高いアイテム。ヒールがある程度高いのに、信じられないくらい安定感があるんです。よく見ると結構エッジが効いたデザインも好み。困ったときには「これ!」。アーツ&サイエンスで購入したウィリアム ウェルステッドのペンダントを襟元のポイントにさり気なく忍ばせています。

ワンピース/MM6 メゾン マルジェラ
バッグ/ザ・ロウ
ペンダント/ウィリアム ウェルステッド
ブーツ/セリーヌ
(以上すべて本人私物)

揃いのベルベットのバッグで、
まとまり感あるワントーンに。

長く着る分、アレンジの
バリエーションも楽しみたい。

Styling 02

スプリングコート風にアレンジ

このワンピースは普段一枚でしか着ていないんですが、ベルベット素材だし、こういう風に春コートっぽく着るのもいいなと思っています。こういう着方ができるワンピースは意外と少ないから、アレンジも楽しい。ボトムはマルジェラのもの。女性ものもあったんですが、ストンとしたシルエットが好きであえてメンズを選びました。これはお気に入りでよくはいています。羽織りとボトムがマニッシュなので、ブルネロ・クチネリのブラウスできれいめに。リボンにシルバーのアクセントがあり、薄いグレーベージュの色合いが気に入っています。あとは、バッグとシューズの金具がちょっとしたアクセントになっています。

ワンピース／MM6 メゾン マルジェラ
ブラウス／ブルネロ・クチネリ
パンツ／メゾン マルジェラ
バッグ／エルメス
シューズ／ロジェヴィヴィエ
（以上すべて本人私物）

Basic Black no.02

ただのシンプルに収まらない、
ディテールの面白さに惹かれます。

BLACK SILK SUNDRESS

このワンピースはアーツ&サイエンスで買ったもの。どこのブランドのものかわからないですが、セレクトで入っていたものを一目惚れして買いました。

　形がとってもきれいだし、襟元のあき具合も絶妙だし、何より素材感が可愛い。シルクのベースに圧縮ウールの加工がかぶせてあり、薄手のシルクに動きが出ます。毎年出番のあるお気に入りの一枚です。

　見た目はサンドレスっぽいですが、ウールがミックスされているので真夏にはちょっと暑くて、一枚で着られる時期は結構短い。でもその分、毎年初夏にこのワンピースを着るのが楽しみになっていたりします。

　一枚で着られる時期が短いとはいえ、ジャケットを羽織れば秋冬にも着られるし、きれいめのドレスコードが求められる場所にも着ていけるし、アレンジ次第で結構活用の幅が広がるワンピースだと思います。

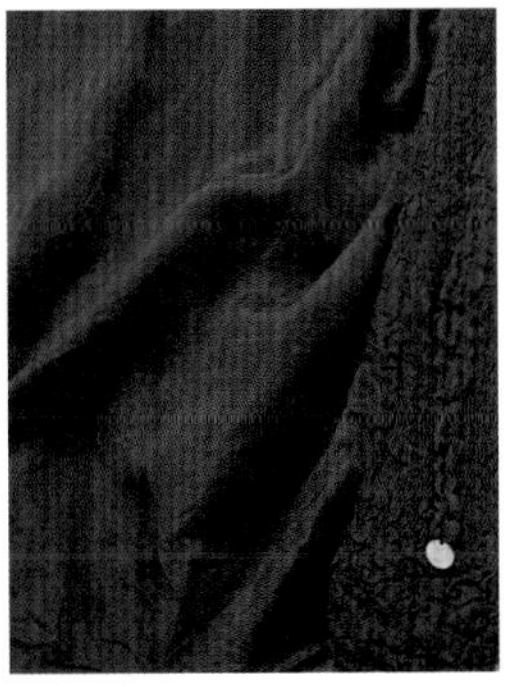

ARTS & SCIENCE

このワンピースのポイントはなんといってもディテール。シルクと圧縮ウールが合体しているような凝った生地。襟元やサイドに加工が入っていてとても可愛いのです。

Styling 01

意外性のある組み合わせで抜け感を

羽織っているのは、ザ・ロウのオーバーサイズのジャケット。このワンピースは一枚で着ることが多いけれど、合わせてみたら結構可愛かったので、これからはこういうコーデもしていきたいと思っています。足元はエルメスのサンダル（シプレ）でカジュアルにして、キメすぎない感じのバランスに。ワンピースもジャケットもドレッシーだけど、そういうコーディネートをサラッと着崩すのが私の好きな着こなしです。バッグはフィービー・ファイロがデザイナーだった頃（2008～2017年）のセリーヌのもの。フィービーの頃のデザインが大好きです。

ワンピース／アーツ＆サイエンス
ジャケット／ザ・ロウ
バッグ／セリーヌ
リング／アリータ
スウェードサンダル／エルメス
（以上すべて本人私物）

きれいめの服を組み合わせても、
キメすぎないのが好きなバランス。

ふわふわの裾にシューズの
オーガンジーがマッチ。

Styling 02

落とし所はきれいめカジュアル

このワンピースも基本は一枚で着ます。デザインがきれいなので、小物で抜け感を作って“きれいめカジュアル”に落とし込むことが多いです。襟元のあきがきれいなので、ロングネックレスをプラス。これはウィリアム ウェルステッドのもので、ゴールドの金具の間に小さいダイヤが入ったデザイン。シューズはルブタンです。ぺたんこで、オーガンジーのふわふわしたアクセントがとても可愛くて、シルクの裾とマッチするんです。バッグはユナヒカの手編みのものでカジュアルに抜け感を。

ワンピース／アーツ＆サイエンス
ネックレス／ウィリアム ウェルステッド
バッグ／ユナヒカ
シューズ／クリスチャン ルブタン
（以上すべて本人私物）

Basic Black no.03

ふんわりしたワンピースは、
いつでも心をくすぐります。

COTTON FLARED DRESS

昔から私を知ってくださっている方はご存じかもしれませんが、私はふんわりとしたシルエットのワンピースが大好きなんです。これはスタイリストの佐伯敦子さんが手掛けているユナヒカのものなんですが、私の好みをよく知っている佐伯さんが「こんなの作ったよ」って。もちろん、迷うことなくワードローブに加えました。

　オールブラックでシンプルなんですが、たっぷりと入ったギャザーと、ふんわりとしたスカートのシルエット、袖口のギャザーのあしらいがとても可愛い。友達との食事はもちろん、きれいめにまとめればちゃんとした席にも着ていけるデザインですよね。ワンピースは、足元に合わせるものも自由。私の場合はサンダルやスニーカー、ブーツを合わせるのが定番のスタイルになっています。

yunahica

袖やウエストがキュッと締まっていて、たっぷりのギャザーできれいに広がる女性らしいシルエット。花の形をした小さなボタンが可愛い。

Styling 01

可愛らしい服はシンプルに

可愛らしい印象の服には、小ぶりなアクセサリーをつけがちです。足元はピエール アルディのサンダルで抜け感のあるコーディネートに。これは、足首にベルトがついていて、こういうディテールが好きなんですよね。多分、ポイントになるからかな。ブレスレットはデビアスのもので、以前撮影のときに「素敵だな」と思い購入したもの。そのときゴールドも欲しかったのですが、「イヤイヤ、一度にこんなにお金を使ってはいけない!」と思いとどまりました。でも、今ではデビアスも日本から撤退してしまったし、ゴールドもすごく高くなってしまったし、あのとき買っておけばよかったなと思っています。

ワンピース／ユナヒカ
プラチナとダイヤのブレスレット／デビアス
レザーのトングサンダル／ピエール アルディ
（以上すべて本人私物）

シンプルなアクセサリーで甘さを中和。

春先や秋口、中間の季節は
重ね着でアレンジが楽しめる。

Styling 02

タビブーツの一点投入でモードに

このワンピースは、春先や秋口など“中間の季節”に登場することが多いんです。少し肌寒いなと思ったらハイネックを重ねたりしても可愛いし、ジャケットを羽織ってもサマになるので、季節の変わり目にとっても重宝します。このコーディネートでは薄手のハイネックニットを重ねましたが、中に着るインナーを厚手にすれば秋の終わりくらいまで着られます。裾がふわっと広がっているので、こうやってボリュームのあるブーツを足元に合わせても可愛い。マルジェラのタビは、どんなコーディネートも簡単にモードにしてくれます。

ワンピース／ユナヒカ
「タビ」ブーツ／メゾン マルジェラ
（以上すべて本人私物）

Basic Black no.04

派手な柄ほど、コーディネートが楽しい。

GRADATION DOT PATTERNED DRESS

マルニは『STORY』に出ていた頃からずっと大好きなブランド。ハンガーにかかっているのを見るより、身体を入れてみることでそのデザインの素敵さがよくわかります。柄物もとても個性的で可愛らしく、大好きです。このワンピースは2〜3年くらい前に買いました。フランチェスコ・リッソのデザインになってからのものなんですが、下のドット柄だけじゃなく薄いブラックの生地がレイヤードされているところがグッとくるポイント。袖が長めなので、長袖を重ねたときにポップな柄が袖から出ているのが可愛いんです。長めの袖をくしゅっとまくり上げたり、ニットからわざと出したり、そんな着方もまたひとつだと思います。

60年代のミニ丈ワンピースを彷彿とさせる可愛らしいデザインなのに、長袖・膝下丈で大人が隠したいところをほどよく隠してくれる。気兼ねなく着られるところもお気に入りです。

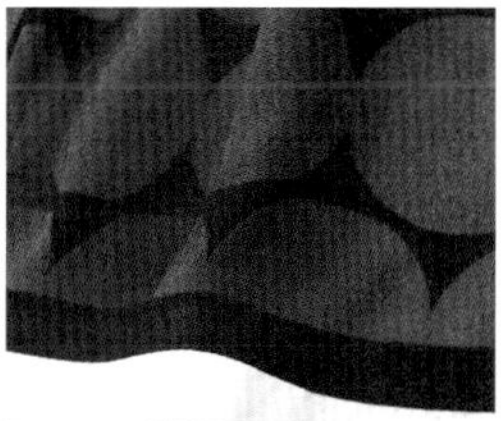

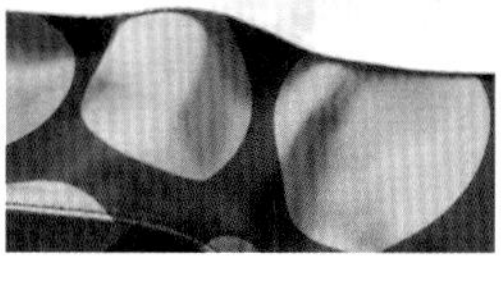

MARNI

重ね着したときにポイントになる、裾の白と黒のラインがお気に入り。上から重ねた黒の生地も縫い付けられているわけではないので、フレキシブルに動くレイヤード感が素敵なんです。

Styling 01

短丈のニットでセパレート風

ボッテガのニットは、仕事でイタリアに行ったときに購入。このなんともきれいなマスタード色に吸い寄せられて、「これは何かに使えるに違いない!」と理由づけをして買ったものです。こういう色は出会ったときに買わないと、探してもなかなか買えないもの。こうやってワンピースと合わせたときに、丈感も色もぴったり。買っておいて良かったなと思っています。足元はリブのソックスを履いて、靴はプラダのシンプルなヒールパンプス。5cmくらいの低いヒールを選んだのですが、形がきれいで歩きやすいので、もう何年も履いています。

ワンピース/マルニ
Vネックニット/ボッテガ・ヴェネタ
イヤリング/セリーヌ
パンプス/プラダ
(以上すべて本人私物)

ブラックと柄の組み合わせは、
レイヤードで映える。

可愛いものほど可愛く着たくない。
そういうときは遊び心の出し所。

Styling 02

メンズな小物で“可愛い”から引き算

ついついニットを重ねたり、カーディガンを着たりしてしまうけど、そろそろ一枚で着てみたいなと思っているところ。とはいえポップで可愛らしいから、そのテイストに引っ張られると年齢的にちょっと気になる。そういうときは、可愛くなりすぎないように意外性のある小物を合わせてバランスを取りたいですね。バッグはハイストリートブランドのオフホワイトのもの。私の中でも意外なセレクトなんですが、真っ黒なコーディネートでポイントになって案外重宝しています。足元はソックスと厚底のローファーでモードなプレッピーに。このマックイーンの靴は昨年買ったのですが、完璧に元を取ったなと実感できるくらい愛用しています。

ワンピース／マルニ
バッグ／オフホワイト
シューズ／アレキサンダー・マックイーン
（以上すべて本人私物）

Basic Black no.05

真っ黒でモードなのに、
ふんわりとした女性らしさも。

DIFFERENT MATERIALS MIX

ノワール ケイ ニノミヤはわりと最近買ったもの。一見モードで難しく見えるかもしれないけれど、実はとっても着やすいデザイン。私の中では「七難を隠してくれる」頼れるシルエットだなと思っています。もともとドッキングされているから、着ぶくれすることもない。ニットの裾の始末がVラインになっているのでお腹のラインがごまかせるし、袖もジャケット風になっているので、ピタッとしすぎず、それでいてほっそり直線的に見せてくれる。「絶妙なデザインだな～」って思わず感心してしまいます。

冬物ですが、中に暖かいインナーを一枚着れば成立するので、何も考えず着られてとっても便利だと思います。何より今私の中で「ふんわり」ブームが来ているので、このシルエットはとっても好み。チュール自体は流行りものな感じもするけれど、オールブラックでマニッシュな要素も入っているから、「これは着たいな」という気分にさせられました。

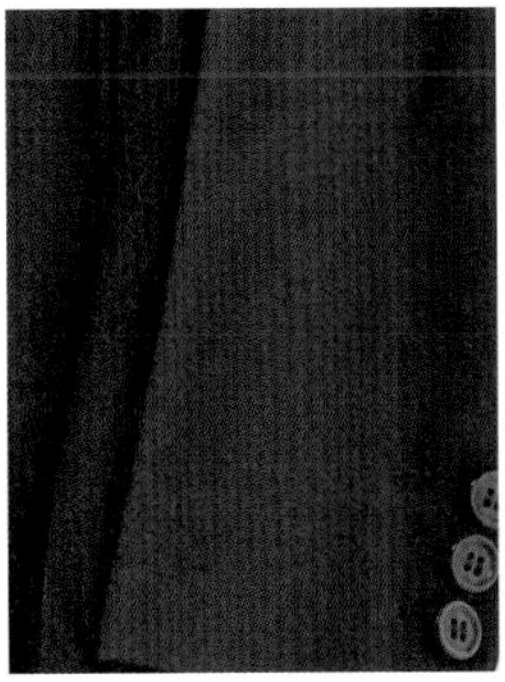

Comme des Garçons noir kei ninomiya

上はニットとジャケットがドッキング。ボトムス部分はたっぷりとしたチュールのレイヤードになっているのでコーディネート要らず！ 袖口にはボタンもついていて、ロマンティックなのにきちんと感もあるんです。

ゴージャスな分、メンズライクに

コーディネートの必要がないワンピースなので、やることは足元に何を合わせるかくらい。ワンピースがデコラティブな分、好みのバランスで考えると、メンズライクなブーツを合わせたくなります。このコーディネートではプラダのレースアップブーツを合わせました。このブーツは２〜３年前に買ったのですが、とてもお気に入りで昨年の冬はこればっかり履いていた気がします。ごつすぎず、サイドにファスナーもついていて履きやすく、とてもいいバランスのブーツです。アクセサリーも派手なものではなく、シンプルなダイヤのピアスをサラッとつけるくらいがいい塩梅。

ワンピース／ノワール ケイ ニノミヤ
レースアップシューズ／プラダ
（ともに本人私物）

すべてのシルエットが美しくて、
ただ着るだけでサマになる。

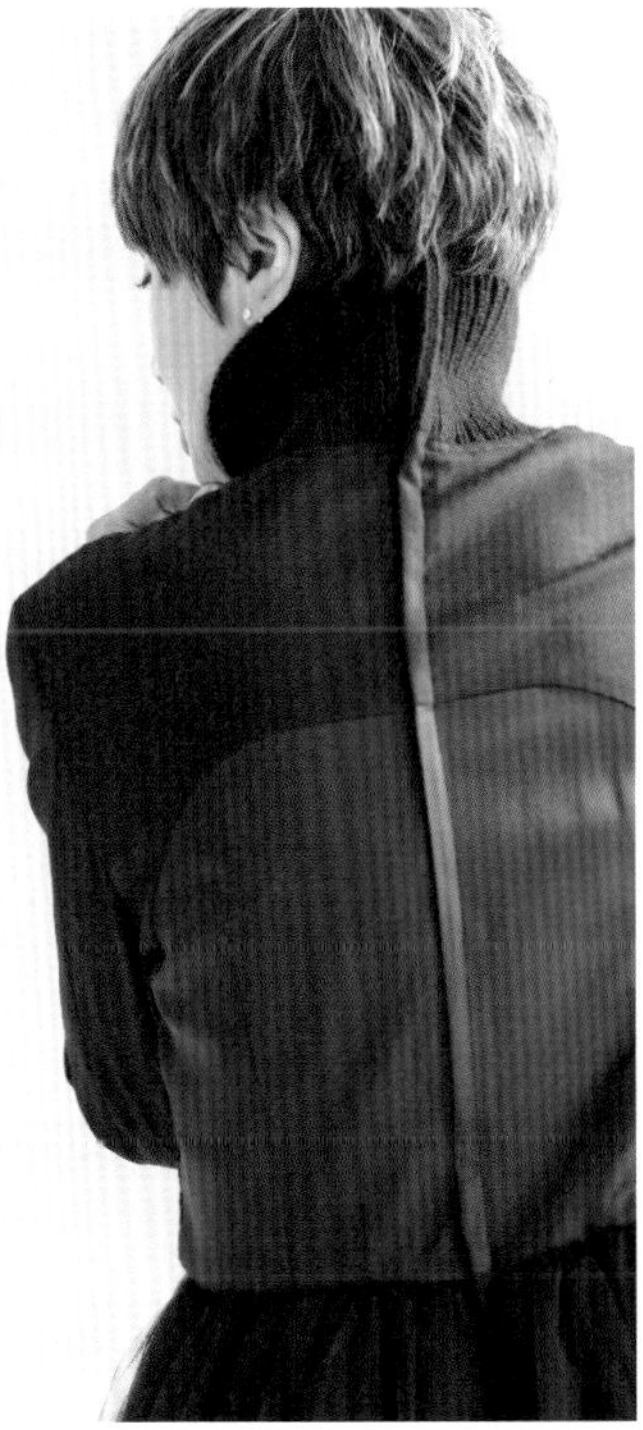

Basic
Black
no.06

サカイらしいエッジさもあるけど、
黒だから気軽に着られる。

back

sacai

コットンのレースで、フロントにはニットがドッキングされたデザイン。後ろから見ても襟元がプリーツになっていたり細部にアクセントが効いているところがすごく可愛いんです。

KNIT DOCKING LACE DRESS

これはサカイのもので、セパレートみたいに見えますが、中が一枚になってワンピースなんです。サカイにはレースを上手に使ったモードなデザインのものがあり、惹かれます。他にもレースのデザインのものを持っていますが、これは黒でさじ加減がおとなしめになっている分、サラッと着られて便利です。今回、この本のためにワンピースを並べていて気づいたんですが、私は多分、こういう風に裾がフリンジになっているディテールも好きなんですね。

デザイン的に上に何かを重ねて着るものではないから、春から夏にかけてよく着ています。寒さが遠のいた頃に「そろそろ着ようかな」って手を伸ばすワンピース。意外と涼しいんですよ。プラダのぷっくりサンダルを合わせてみたり、スニーカーを合わせてみたり、ちょっと買い物に行くとか、撮影に行くまでの間とか、デイリー服として着ています。

Basic Black no.07

ワンピースなのに、すごくマニッシュなマルジェラ。

back

Maison Margiela

直線的な背中のプリーツや、ヒップポケットのデザインなど、
バックスタイルはよりマニッシュな印象。

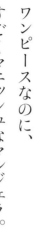

ACETATE COTTON DOCKING DRESS

これは少し前に購入したマルジェラ。アセテート素材のシャツとツイードのスカートがドッキングされているワンピース。光沢のある柔らかいブラウスと、メンズライクなツイードのギャップが好きな所。これはファスナーを閉めるとウエストの部分がキュッと上がって、より一層セパレート感が強くなります。ストンとしたワンピースだと思っていたんですが、混雑したセール時だったこともあり、珍しく試着しないで買ってしまったので、それはちょっと予想外でした。それでも圧倒的に好きなデザインだったから、買って良かったなって思います。

　ボタンを全部留めて一枚で着ても可愛いし、中にニットを合わせてもいいし。アン ドゥムルメステールのブーツを合わせて、エルメスのレザーバッグを持ったら、ワンピースだけどすごくメンズライクでかっこよくなる。この、おじさんっぽい雰囲気が素敵だなって思います。

Question 01

メイクのこだわりは?

Answer

年を重ねてからのメイクは、とにかく丁寧さが大切。

メイクさんにやっていただいているので、こんなメイクをしてみたい！という欲はないんですが、手抜きメイクのときでもまつ毛はちゃんとするようにしています。ビューラーをして、マスカラを塗るだけですごく印象が変わります。年を重ねると、華美なことはしなくてもいいけれど、小さな丁寧が大事になってくる。丁寧に下地を塗るとか、きちんとクレンジング・洗顔をするとか、そういう地味なことの積み重ね。サンダルを履いたときにかかとがきれいにケアされていたり、手入れが行き届いている感じが大切だと思います。

Chapter

2

,

Charm Flower

花柄は、
やっぱり可愛い。

花柄は難しい。
私もいまだにそう思っています。
でも、花柄ってやっぱり可愛い。
そういうテイストが好きな自分もいる。
自分の「好き」を信じて着れば
似合うものに出会えるはず。

花柄って難しいけど、似合うものがないわけじゃない。

花柄ってずっと難しいなと思っていました。柄、柄の大きさ、色合い、それとワンピース自体のデザイン……、ほんのささいなミスマッチで昔風な雰囲気になってしまうから。甘いだけのコーディネートはしたくないなという気持ちもあって、少し距離を置いていました。それでも花柄やフリルといった可愛らしいテイストのお洋服は好き。取り入れたい気持ちも私の中にあったんですよね。

そんな花柄を着てみようと思ったきっかけは、多分髪を切ったこと。髪が長かった頃は、可愛らしいテイストのものを着ると過剰にスイートになってしまうから、自分らしくないなと。でも、今はショートヘアになって、可愛いものを合わせてもトゥーマッチにならなくなったことで、普段からこういう柄を気軽に取り入れられるようになったのかなと思います。

ただ、今もどんな花柄なら似合うのかという基準は、私の中ではっきり見えていません。実際にお洋服を見てみて、「これは着そうかな？」と自分に問いかけてみたり、今の感覚に素直に従って選んでいます。今年のトレンドは花柄です、と言われても、それに引っ張られて「花柄を着なきゃ！」とはならないんです。可愛い花柄でも組み合わせの色が黒だったり、花柄自体がシックな色だったり、生地感がクールだったり、デザインにひねりが効いていてモードな要素があったり……。ひとつひとつのワンピースを見てみると、自分が好きなエッセンスがどこかに入っているんですよね。花柄だから買うというより、花柄も含めた全体の可愛さで選ぶ。最初に見たときのインスピレーションや、着たいなっていう気持ちを大切にしています。

ビビッドな花柄も、夏にコットンのワンピースでなら、明るい日の光や開放的な季節のムードに助けられて結構しっくりくるし、秋冬はシックな色どりの花柄が気分にマッチする。一口に花柄といっても、可愛いものやエレガントなもの、本当にテイストが様々なので、選ぶのが難しくもあり、楽しくもあります。

「花柄はちょっとね……」と避けるのではなく、可愛いなと思ったら試しに着てみると、新鮮な自分になれる楽しみもあると思います。

Flower
Pattern
no.01

ロマンティックな花柄も、黒ならなんとなく味方にできる。

FLORAL FLOEMBROIDERY DRESS

このワンピースはシモーネ・ロシャのもの。イギリスのブランドなんですが、こういうふわっとしたシルエットのアイテムをたくさん扱っていて、気になっていました。

　お店でこれを見つけた途端、スーッと吸い寄せられましたが、「さすがに可愛すぎるし、私には難しいかな？」とも思って悩みました。でも、黒のカーディガンに合わせればカジュアルに落とし込めるし、何より黒がベースなので着やすいのでは……と試着してみたら、デザインも細かい所が凝っていて、とても可愛い。「これなら大丈夫かも……」と、ポジティブに捉えて（笑）購入。すっかりお気に入りです。

　一枚で着るとパフスリーブの袖がこれまた可愛いくて。上半身だけでも存在感があって、とっても華やか。バストアップで映るテレビの衣装でも活躍してくれました。顔周りが華やかな服って、座って話しているときにもちゃんと素敵に見せてくれるので、ありがたい存在です。

SIMONE ROCHA

花柄も刺繍風に繊細に表現されていて、色のチョイスがとっても可愛い。ウエストがゴムになっていて、キュッと締まって、その下からスカートがプリーツになるように切り替わっているんです。

Styling 01

カジュアルダウンにはニット

カーディガンはスタイリストの佐伯さんとやっているyunahica×chiekoのもの。アランニットはとっても可愛いけれど、本来しっかりしたウールなのでチクチクした着心地が気になってしまう……。そこで「着心地のいいアランニットを作ろう！」という話に。柔らかい毛糸を使ってアラン模様をたくさん入れて、完成したのがこのカーディガン。yunahica×chiekoでは、いつも自分たちが着たいものが形になっているんですよ。足元は42ページでも登場したプラダのブーツでハズして、リングにボリュームのあるボッテガ・ヴェネタのコスチュームジュエリーをプラス。ニットに合わせてカジュアルなバランスにまとめています。

ワンピース／シモーネ・ロシャ
アランニットカーディガン／ yunahica×chieko
リング／ボッテガ・ヴェネタ
ブーツ／プラダ
（以上すべて本人私物）

羽織るものひとつで、
普段使いができる装いに。

シンプルだけど形の凝った、
黒の小物が私好み。

Styling 02

花柄に、大人モードを加えて

一枚で着るときは、モードに振って大人っぽく着こなしたいと思っています。ワンピースをしっかり主役にしてあげたいから、小物はブランドの主張がないものを合わせます。このバッグは21ページと同じザ・ロウのもので、ブランドロゴもないし、気張りすぎない手提げみたいなシルエットもハズしになって可愛い。このバッグを持つとコーディネートに抜け感が出るのでわりとよく登場しますね。足元はセリーヌのショートブーツ。ハイヒールだし、シルエットはシンプルだけどモード感があり、ワンピースの甘さをほどよく中和してくれます。

ワンピース／シモーネ・ロシャ
バッグ／ザ・ロウ
ショートブーツ／セリーヌ
（以上すべて本人私物）

Flower Pattern no.02

エッジィな柄に上品なシルエット、
そのコントラストが愛おしい。

PRINT DRESS

これは、アレキサンダー・マックイーンのワンピース。柄合わせそのものがワンピースのデザインになっています。プリントのモチーフもアバンギャルドで、花柄の中にスカルがいたり、ウエストがキュッと締まっていて、着たときのシルエットが上品で本当にきれいです。ただその分、食べすぎに注意ですが（笑）。

何かイベントでパワーのあるお洋服が着たいなというときにも活躍するし、普段にソックスやタイツにローファーを合わせてカジュアルに着るのも可愛いなって思います。ワンピースが派手な分、他のものはミニマムに、上品にまとめて、気張りすぎないバランスにしたい。そういう着こなしが気分です。

Alexander McQUEEN

遠くから見ると花柄の印象が強いんですが、近くで見るといろいろなモチーフのプリントがミックスされています。リップスティックだったり、中にはスカルも。見応えたっぷりです。

派手な服ほど引き算でシンプルに

アクセサリーはシンプルに、存在感のあるリングひとつと時計だけ。時計は60歳の記念に自分へのご褒美として買ったパテック・フィリップです。今まではレザーベルトの時計が大好きで、持っているものもほとんど全部レザーだったんですが、急に金の派手な時計が欲しいと思ってしまった。若いときはそんなこと思わなかったのに、年を重ねた心境の変化なのかも。バッグはエルメスの黒のプリュム。大きさ違いで4種類持っているんですが、これはシンプルでスマートで、実用的。私が一番愛用しているバッグです。足元は、アレキサンダー・マックイーンの厚底ローファーを合わせて、気張りすぎない雰囲気に。春頃にはソックスに合わせて履きたい。

ワンピース、ローファー／ともにアレキサンダー・マックイーン
バッグ／エルメス
時計／パテック・フィリップ
リング／ポメラート
（以上すべて本人私物）

以前は選ばなかったものたちが、
今はむしろ可愛い。

Flower Pattern no.03

可愛らしすぎない、大人の小花柄。

SMALL FLORAL PATTERN DRESS

ボッテガ・ヴェネタの小花柄ワンピース。これはとにかく「花柄が素敵！」と思って買いました。色使いや柄の出方が「大人の花柄だな」と思い、一目惚れです。

このワンピースは、よく見ると２種類の生地が切り替えになっていて、どちらの配色も本当に素敵！　くすんだ色と明るい色が細かく使われていて、引きで見ても可愛いけど、よくよく見るともっと可愛いんです。しかも切り替え部分はネイビーのリボンテープで区切られている、とても凝った作りになっているんですよね。

ウエストにベルトがついているのですが、ゆるっとしているので、絞るというより飾りみたいに巻いてストンとしたラインで着こなします。

お友達と食事に行くときにも着るし、テレビの仕事で着ていったこともあるし、結構活躍してくれています。

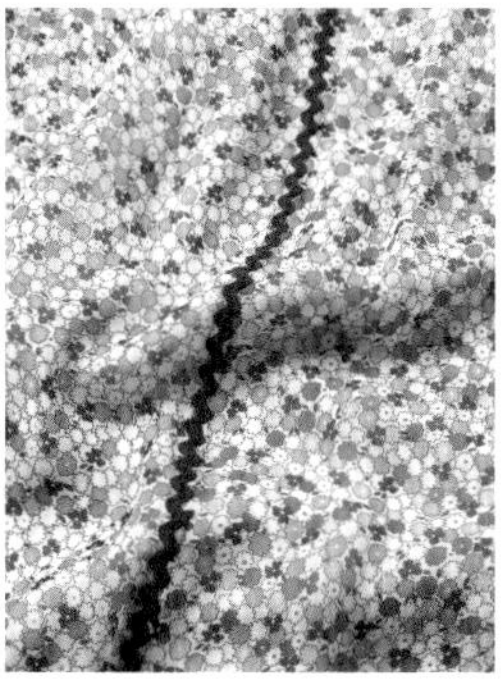

BOTTEGA VENETA

ブルー系とブラウン系の２種類の生地と、切り替え部分にあしらわれたリボンのネイビーが、メリハリと大人っぽい雰囲気を作ってくれています。

Styling 01

花柄だけど、都会的なこなれ感

可愛らしいものなので、一枚でその可愛さをしっかり出してあげる着こなしがスタンダードかなと思っています。その分、アクセサリーはさりげなく。女性らしすぎないリングをポイントに差して、少しだけハズしている感じですね。このリングは結構気に入ってよく使っています。トム・ウッドのもので、存在感があるのに、丸みがあってゴツすぎないのが使いやすくて好きなんですよね。足元は、36ページでも着用したプラダのローヒールパンプス。素足でスッキリ履いて、少しカジュアルにまとめています。

ワンピース／ボッテガ・ヴェネタ
リング／トム・ウッド
パンプス／プラダ
（以上すべて本人私物）

ハレの日感のあるワンピースは、ハズしの小物で洒落感を加えて。

大好きな黒をちりばめて、
甘すぎないシックなスタイルに。

Styling 02

可愛く、だけど大人っぽく

黒のニットはランバンのもの。ウエスト部分がツイストしていて短丈なので、重ね着をするときに重宝するんです。こういうものを見つけるとつい欲しくなってしまいます。頻繁に使うアイテムではないけれど、何かのときに役に立つ。だから手放せません。アクセサリーは女性らしく、デビアスのブレスレットとダイヤのリングをチョイス。リングは成城にあったお店で買ったもので、娘が小学生の頃とてもお気に入りだった。プラットフォームサンダルはマルニのもので、ワンピースやワイドパンツに合わせて、いろいろ活躍しています。ハレの日感の強いワンピースも、こんな風に着こなすとカジュアルになり、着用する機会も増えます。

ワンピース／ボッテガ・ヴェネタ
ニットトップス／ランバン
ブレスレット／デビアス
リング／成城のアクセサリー店で購入
ストラップサンダル／マルニ
（以上すべて本人私物）

Flower Pattern no.04

黄色いお花に一目惚れ。
ふわっとしたシルエットも私好み！

FLORAL PRINT TUNIC DRESS

このワンピースはロエベのもの。ふわっとしたシルエットに黄色の花柄……、私の心に刺さりました。一目で「これ可愛い！」と。デニムや細身のパンツと合わせてシャツワンピースのように着たり、下にキャミソールを合わせてサンドレス風に着たりと、暑い時期に映える爽やかなワンピースです。

　胸元のリボンが長くて、それがほどよいアクセントになるんです。裾もアシンメトリーになっていて、動きに合わせてふわふわ広がる感じがすごく素敵！袖もボリュームがあるから、着たときのシルエットが本当に可愛いんです。

LOEWE

真っ白の生地に黄色いお花がプリントしてあるこの雰囲気がとってもお気に入り。なんだかレトロなテーブルクロスみたいで可愛いなと思っています。

ボトムを合わせてスポーティに

透け感のある生地なので、一枚で着るときはリネンのキャミソールワンピースを下に重ねて着ています。でも、チュニックっぽくも着られるから、こうやってボトムと合わせても可愛いんです。ボトムをロールアップして、スニーカーを合わせてカジュアルに。真っ白なテーパードデニムはyunahica×chiekoのもの。スニーカーはアレキサンダー・マックイーン。昨年の春頃買ったもので、最初は足が大きく見えるかな?と気になりましたが、今はこのボリューム感がお気に入りです。バッグはお花の黄色に合わせてユナヒカの黄色い手編みのものに。夏のワンピースにとてもしっくりきます。

ワンピース／ロエベ
ホワイトデニムパンツ／yunahica×chieko
バッグ／ユナヒカ
スニーカー／アレキサンダー・マックイーン
(以上すべて本人私物)

Flower
Pattern
no.05

インパクトが強いからこそ、
気負わずにサラッと普段使い。

PAINTED PATTERN LINEN DRESS

このマルニのリネンワンピは、最初はさすがに派手かな〜と思って一度諦めて、でもやはり買ったものです。さらっとした肌触りがとても涼しくてよく着ています。インスタグラムにたまに登場しているので、見たことがある方も多いかもしれないですね。よくみんなに可愛いと褒めてもらえるワンピースです。

マルニは、柄がオリジナルで本当に可愛い！　このワンピースもただの花柄じゃなく、いろんなモチーフのプリントがミックスされているんです。リボンにも細かいパイピングが入っていたり、本当に凝っている。派手かな……と思った色や柄も、夏の強い日差しの中ではまったく気にならず、かえって元気をもらっています。

足元に合わせるのは、スニーカー、サンダルといろいろです。こちらもなかなか派手なナイキ×サカイのLDワッフルを合わせたりもしています。その日の気分で、玄関に行ってから決めています。

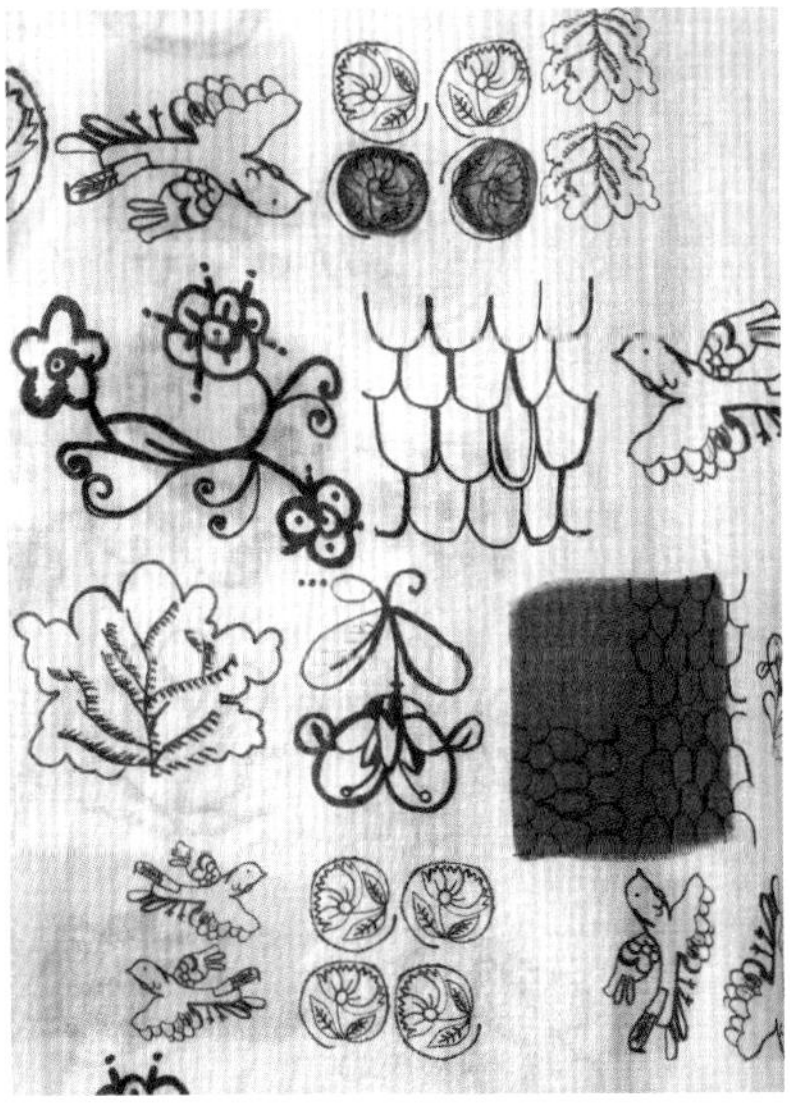

MARNI

リゾート風味のデイリールック

インパクトの強いワンピースって、何を合わせたらいいかな〜と悩む方も多いかもしれないけれど、そういうときにかごバッグは本当に万能だなと感じます。このバッグは仕事で長野県松本市に行ったときに、民芸品を扱うお店で買いました。いろんな色が入っているワンピースだから、イエローのニットバッグを合わせても可愛いし、難しく考えなくてもいいのかなと思います。足元は昨年よく履いていたプラダのプクプクサンダルでサラッと涼しく。なんとなくただ合うものを、とコーディネートしただけですが、バッグとサンダルの色がリンクしているからまとまりがあるように見えるのかも。これはたまたまですけどね（笑)。

ワンピース／マルニ
かごバッグ／長野県の民芸品店で購入
バックストラップサンダル／プラダ
（以上すべて本人私物）

Flower
Pattern
no.06

カロリーナ・カスティリオーニの
デザインに惹かれます。

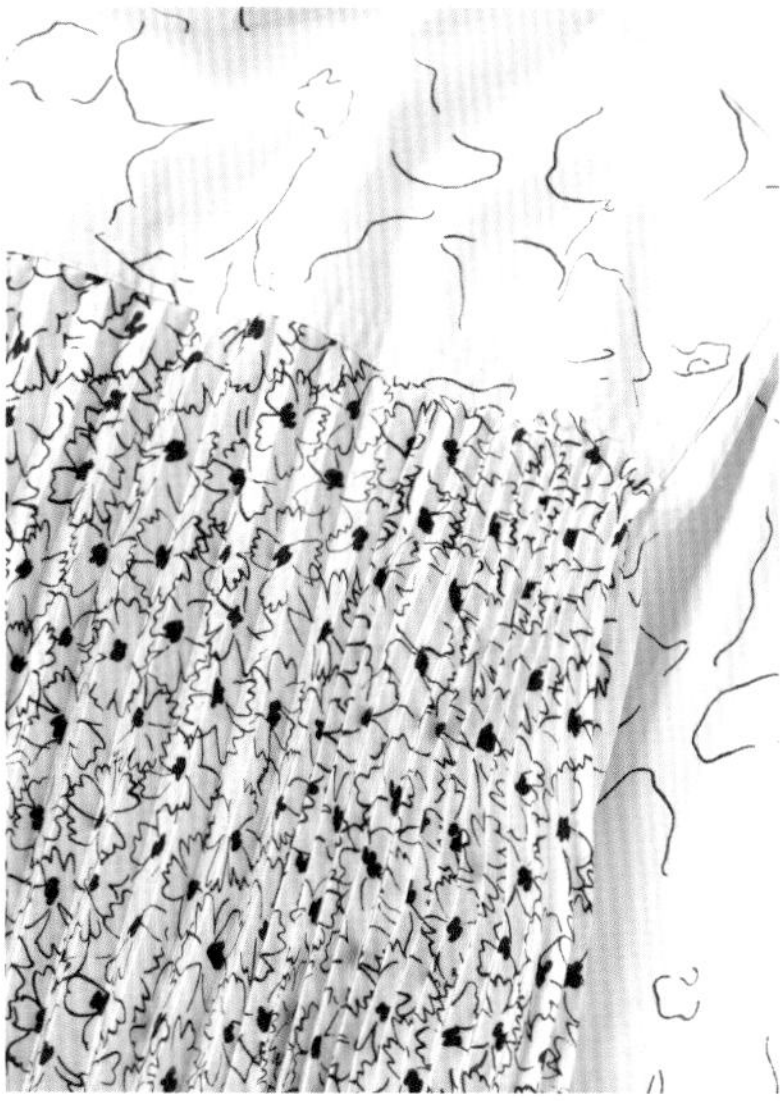

PLAN C

FLORAL PRINT PLEATS DRESS

このプランCのワンピースは「大人の花柄」がポイント。長さがあって、プリーツの裾がアシンメトリーで、切りっぱなしになっているところも可愛いんです。甘い印象の柄に反して、切り替えの襟元と袖がカチッとしたシルエットだったり、ランダムな裾がカジュアルなポイントになっているので案外普段使いしやすいです。

プランCはマルニのデザイナーだったコンスエロ・カスティリオーニさんの娘のカロリーナさんが手掛けているんですよ。2019年のお披露目にも呼んでいただいたり、インスタライブに参加させていただいたりとお仕事での交流もあるので、お気に入りのブランドのひとつです。

胸から裾までの細かいプリーツが動きに沿って揺れて、とてもきれいなワンピースです。これはかしこまって着るというより、カジュアルに着たほうが可愛いと思うので、足元はスニーカーが定番。

淡い色だけの“なんとなくワントーン”

このワンピースはカジュアルに着るのが今の気分なので、スニーカーを合わせることが多いです。スニーカーはマルニのもの。ハイテク系のスニーカーを合わせることもあるけれど、シンプルなレースアップも相性がいい。チャンキーソールでちょっとエッジが効いていて、コーディネートのポイントになります。バッグは『きょうの猫村さん』の刺繡トートで、とにかく猫村さんの刺繡が可愛い！　ニューヨークのインテリアブランドのコーラル＆タスクとのコラボレーションです。スタイリストの石井佳苗さんが伊勢丹でポップアップイベントを開催していたときに購入しました。他にもトートなど、とてもお気に入りで使っています。

ワンピース／プラン C
トートバッグ／コーラル＆タスク
チャンキー レースアップ スニーカー／マルニ
（以上すべて本人私物）

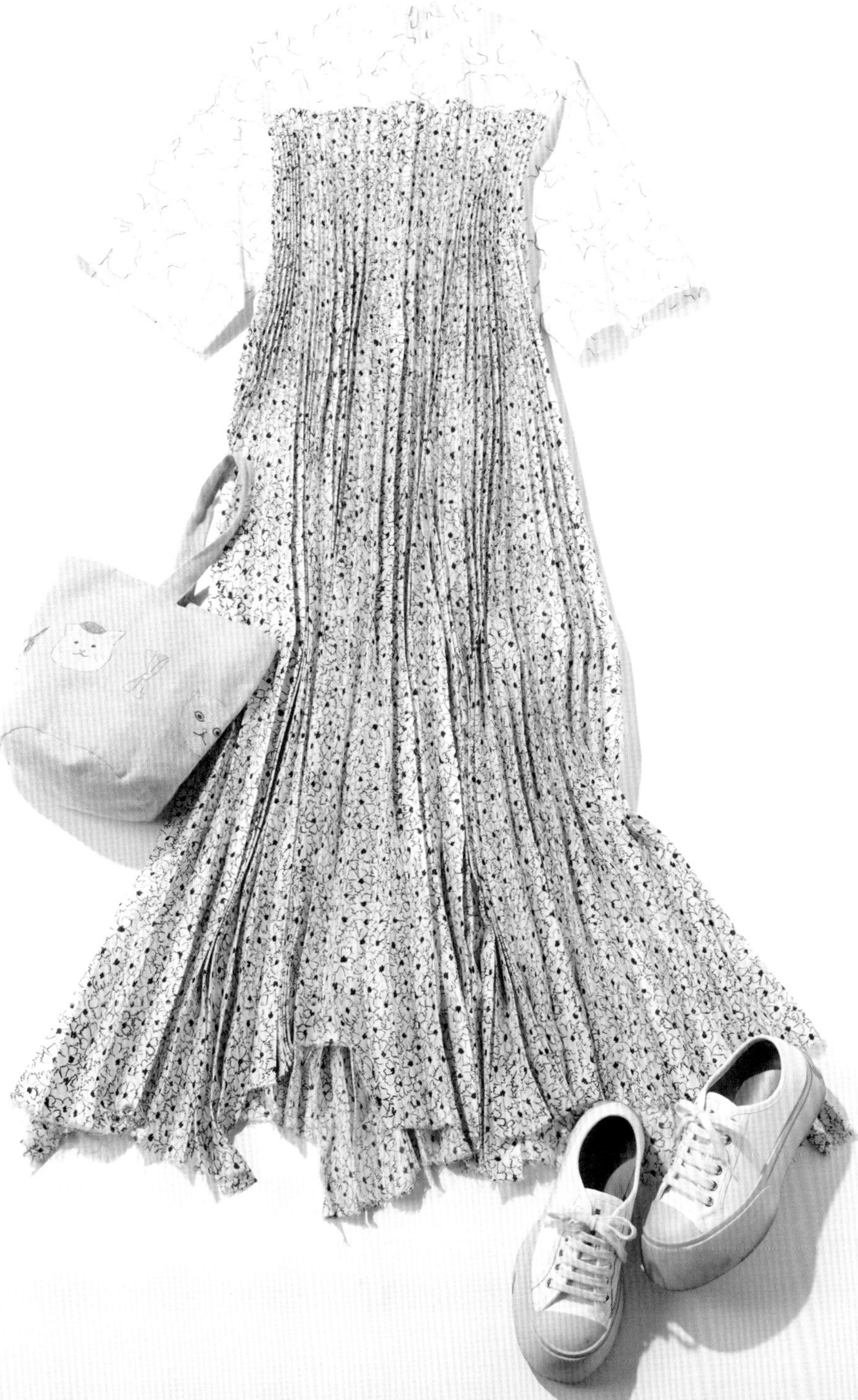

Question 02
お買い物のコツは?

Answer

学習と経験の積み重ね。
失敗してもいつかは着るかも。

これに関しては、本当に学習と経験。きっと、いっぱい失敗しているからなんですよね。そういう経験を積み重ねて自分の「好き」が定まってきているんだろうなとは思います。ただ、そのときは失敗したなぁと思っても、数年後に改めて着たいと思うこともあるから、一概に失敗とも言えないんですよね。時代の流れで一番変化があるのが靴だと思うんですが、合わせる靴が変わると昔の服もなんとなく今の雰囲気に合ったりする。だから、どうしようと思わずに、「いつか脚光を浴びるときが来るかも」と待ちわびるのもありですよね。

Chapter

3

,

Relax Knit

ストレスフリーな
ニットのお洒落。

ニットならではの織り出される柄。
柔らかい着心地。
シックで、大人っぽくて、
楽なのにきちんとして見える。
そんなニットワンピースが好きです。

柔らかくて着心地が良くて、楽に着られるのが最高！

実は、ニットのワンピースがすごく「好き」という自覚はなかったんです。でも、こうやって本のためにピックアップしていくうちに、「あれ、結構好きなのかも」と。「可愛かったら買う」というのが私のお買い物スタイルなので、そうやって選ばれているということは、きっと好きなんですね。

ニットという素材はやはり楽。締めつけ感もなく着心地がいい。そう、ストレスが少ないのが魅力でもあります。これは余談になってしまうんですが、私は体が硬いので、ピッタリしたワンピースの背中のファスナーにはいつも苦労させられます。特に一人のときは大変。ファスナーの先に安全ピンをつけて、紐を通して、それを引っ張ってなんとか閉める……、必殺技です。その点、ニットのワンピースには、本当にそういうストレスがない！　だいたいはスポンッと頭からかぶるだけ。私に向いているのかもしれません（笑）。

今回紹介するニットワンピースは丈の長いものを選んでいますが、基本ワンピースの丈は長めのほうが好み。七難隠してくれるから。どんなに脚がきれいな人でも、膝周りは変化していると思います。若い頃と同じというわけにはいかないので、年齢が出る膝はできれば見せたくない。やっぱり長いほうが落ち着きます。そして、長めのワンピースにブーツを合わせるのが今の気分というのもあります。

スラッときれいな落ち感のある、ニットのシルエットを楽しみたい。お腹周りを気をつけないと！

Knit
no.01

シックな雰囲気の、
大好きなＡラインシルエット。

PLEATS KNIT DRESS

このワンピースもマルニ。これはもう一目惚れでした。ミッソーニみたいなシックな雰囲気の織り柄、色合い……、私が好きな要素がたくさん詰まっている。長い袖を嫌がる方が多いけれど、私はやっぱり袖が長いほうが好き。ちょっと余った袖を手首のあたりでくしゅくしゅして着るのが可愛いと思います。それに、裾も生地をほどいたみたいなコードが垂れていて、アンフィニッシュに作られているところも可愛い。

　大好きなマルニの洋服でも、いろいろ考え手放したものもあるけれど、これはそんな気持ちにならないお気に入りの一枚です。

MARNI

一枚のニットをパーツによって加工替えしている、すごく手の込んだ作り。ウエストから下は細かいプリーツになっていて、ニットなのにすごくきれいなAラインに広がります。

Styling 01

エレガントとカジュアルのミックス

スカーフはプッチのもので、「この色合いきれいだな」と、私の「可愛いものセンサー」にひっかかった一枚です。こういう「何かに使えそう」という小物は、めぼしをつけて探しに行くのではなく、セールなどの機会にいいものがあれば買うようにしています。バッグはデルヴォーのもので、いわゆる、ザ・ハンドバッグという形が大好きです。ちょっとクラシックな雰囲気のバッグをデニムのコーディネートにも使っています。ブーツはアン ドゥムルメステールのもので、10年以上前から愛用しています。白いラインが可愛いんですよ。メンズっぽいんだけど、足首が締まっていて女性らしくもあり、すごく履きやすい！大好きで、こればかり履いている時期もありました。

ワンピース／マルニ
スカーフ／プッチ
バッグ／デルヴォー
ブーツ／アン ドゥムルメステール
（以上すべて本人私物）

スカーフのワンポイントで、
たちまち華やかに。

少しずつ違うブラウンを重ねた、
ワントーンコーディネート。

Styling 02

上品なブラウンソワレルック

ジャケットはワンピースと同じマルニのもの。ロケでイタリアのミラノへ行ったときに買ったものです。丈も短くて、ボレロのような形になっているので、肩にサッと羽織るだけでも可愛い。バッグも同じマルニで、シンプルなこげ茶色を選択。丸いゴールドのハンドルがちょうどいいアクセントになっています。お着物のときに使ってもしっくり合います。シューズはセリーヌで、これもフィービー・ファイロがデザイナーだった頃のものです。ヴィンテージ感のあるレザーの風合いが気に入っていて、そんなにしょっちゅう履くわけではないけれど、手放したくない大切な一足です。

ワンピース、ジャケット、バッグ／以上すべてマルニ
シューズ／セリーヌ
（以上すべて本人私物）

Knit
no.02

繊細なシェットランドレースの、
柔らかで華やかな一枚。

SHETLAND LACE MAXI DRESS

このワンピースはアレキサンダー・マックイーン。62ページで紹介したものはかなり強めでアバンギャルドなデザインでしたが、こちらはとっても柔らかなオフホワイトのニットレース。前出のものとはまた違ったパワーのある一枚で、デザインの繊細さが一番の魅力です。

全体がシェットランドレース（スコットランドのシェットランド諸島由来の羊毛糸で編まれる伝統のニットレース）で作られていて、袖と裾のフリルもすごく繊細。花柄の色の組み合わせ、段々の色の組み合わせ、素材感、すべてがとても凝っていて素晴らしい「作品」なんだなと思います。

パーティーやイベントのときに活躍してくれます。

Alexander McQUEEN

シェットランドレースの細やかな模様の上から、海や木、花のモチーフがボーダー状に重ねられていて、見れば見るほどその繊細さに見とれます。

Styling 01

ワンピースが主役のミニマムルック

このワンピースはシルエットも可愛いし、柄や袖のディテールもしっかり見せたいから、サラッと一枚で着るのが基本です。マキシ丈だから足元は意外と何でも合うかなと思います。薄手のレースなので、こうやってエルメスの真っ白なサボで涼しげな抜け感を出しても可愛い。高めのヒールと合わせることで、シルエットの美しさが際立つ気がします。そして、ちょっとだけ存在感のあるディオールのピアスでさり気なくデコラティブな要素を加えています。

ワンピース／アレキサンダー・マックイーン
ピアス／ディオール
サボ／エルメス
(以上すべて本人私物)

大きすぎず小さすぎない、
ピアスをさりげなくアクセントに。

カーディガンを羽織って、
大人の可愛らしさを。

Styling 02

ソフトな印象の大人スイート

このフェラガモの靴はヒールが高いので、仕事で履いたくらいで普段使いはしていないんですが、このワンピースにはよく似合う！　アイボリーと光沢感のあるブラウンで色みもマッチするし、よりドレッシーな雰囲気になります。バッグはアッシュ・ペー・フランスで買ったジャマン・ピュエッシュのものです。ころっとした可愛らしいデザインで、お財布のようながま口になっています。ジャマン・ピュエッシュのバッグは一時期とても気に入ってよく持っていました。今も数個残してあります。色みのマッチするメッシュ編みカーディガンをサラッと羽織って、変化をつけても可愛い。

ワンピース／アレキサンダー・マックイーン
かぎ針編みカーディガン／ユナヒカ
バッグ／ジャマン・ピュエッシュ
オープントゥパンプス／フェラガモ
（以上すべて本人私物）

Knit
no.03

アシンメトリーな裾が
ドレスのように広がるニット。

ASYMMETRY KNIT DRESS

このワンピースはブルネロクチネリのもの。ニットと一言でいうと普段着っぽい印象ですが、これはニットの生地に小さなスパンコールがついていて、シンプルな見た目に反してかなり手が込んだ、華やかな一枚です。

これは細部のデザインもよく考えられています。ウエストのリボンがフロント部分だけ表に出ていて、前側はキュッと結んでポイントになるし、後ろはドレープのシルエットを損なうことなく着られます。さらに、前後でアシンメトリーなカッティングになっているので、たっぷりとしたボリュームのドレッシーなシルエットに広がるところがお気に入りです。それに、真っ白じゃない柔らかいアイボリーも大人っぽく私好み。

インスタグラムでは、コスメブランドのイベントの写真で一度登場しています。そのときはラグジュアリーに高いヒールと合わせたけれど、ぺたんこ靴でカジュアルに着ても可愛いなと思います。

BRUNELLO
CUCINELLI

アイボリーのニットの生地にはよくよく見ると小さな白いスパンコールがドットのようにあしらわれているんです。わざとらしすぎないさりげなさが可愛い。

ハズしの小物で白黒モノトーン

モードなヒールで洒落感のあるドレススタイルに。プラダのシューズは、青山のショップに置いてあったサンプルに一目惚れしました。立体的なお花のモチーフと、ちょっと変わったウェッジソールが可愛いんです。私があまりにも欲しそうだったのを覚えていたお店の方が、「一足だけ商品が入ってきました」と連絡をくださり、それがピッタリサイズだったんですよね。出会いだなと思いました。バッグはユナヒカの花のモチーフの手編みバッグであえてカジュアルにハズす。リボンは可愛くなりすぎないよう、固結びにするのも私のポイントです。

ワンピース／ブルネロ・クチネリ
バッグ／ユナヒカ
時計／パテック・フィリップ
バックストラップシューズ／プラダ
（以上すべて本人私物）

モードな靴と手編みのバッグで
カジュアルシックに。

Knit
no.04

派手でピッタリして難しそうだけど、
着てしまえばとっても可愛い。

MULTI BORDER KNIT DRESS

このミッソーニのワンピースは、御殿場のアウトレット遠足のときに買ったもの。いつも通り「可愛いなぁ」と手に取ったらすごくお値打ちになっていて、しかも残りは一点だけ。それで、「これは買わないと！」と勢いで買ってしまったパターンです。

色の組み合わせがとても好きなのですが、結構インパクトが強いので、そんなにしょっちゅう着られるわけではありません。でも、夏にこういうカラフルなワンピースが着たくなるときがあるんです。

ただ、体のシルエットに沿っているので、これはお腹がぺたんこのときしか着られません。だから、これがポロシャツだったら理想だったなと考えたりもする。それに、胸元がかなりあいているので、タンクトップをインナーに着たり、安全ピンで裏から留めたり、ちょっとひと手間かかるんですが、それでもやっぱり可愛い！　きっと海外なら体のラインや胸元を気にすることなくサラッと着るのでしょうね。かっこ良くて憧れますが、私には無理です……。

Missoni

気分で盛りつけた夏コーディネート

こういうワンピースは変に計算したりせず、気分で好きなものを組み合わせるくらいが楽しく着られていいんじゃないかなと思います。例えば、夏だから足元は白。このサボはエルメスのもので、96ページでも履いています。すごく可愛くて好きなのですが、実際に履いてみるとかなり背が高くなって意外と使う機会が少なくて。でも、この服にこの靴を合わせると本当に可愛い。車移動とか、あまり歩かなくていい日ならこれでも行けるかな。バッグは同じくエルメスのミニケリーのネイビーです。「このコーデにはなんとなくこれかな」というくらいの軽い感じで合わせています。

ワンピース／ミッソーニ
バッグ、サボ／ともにエルメス
（以上すべて本人私物）

可愛いなと思ったら、
多分それが正解なんですよね。

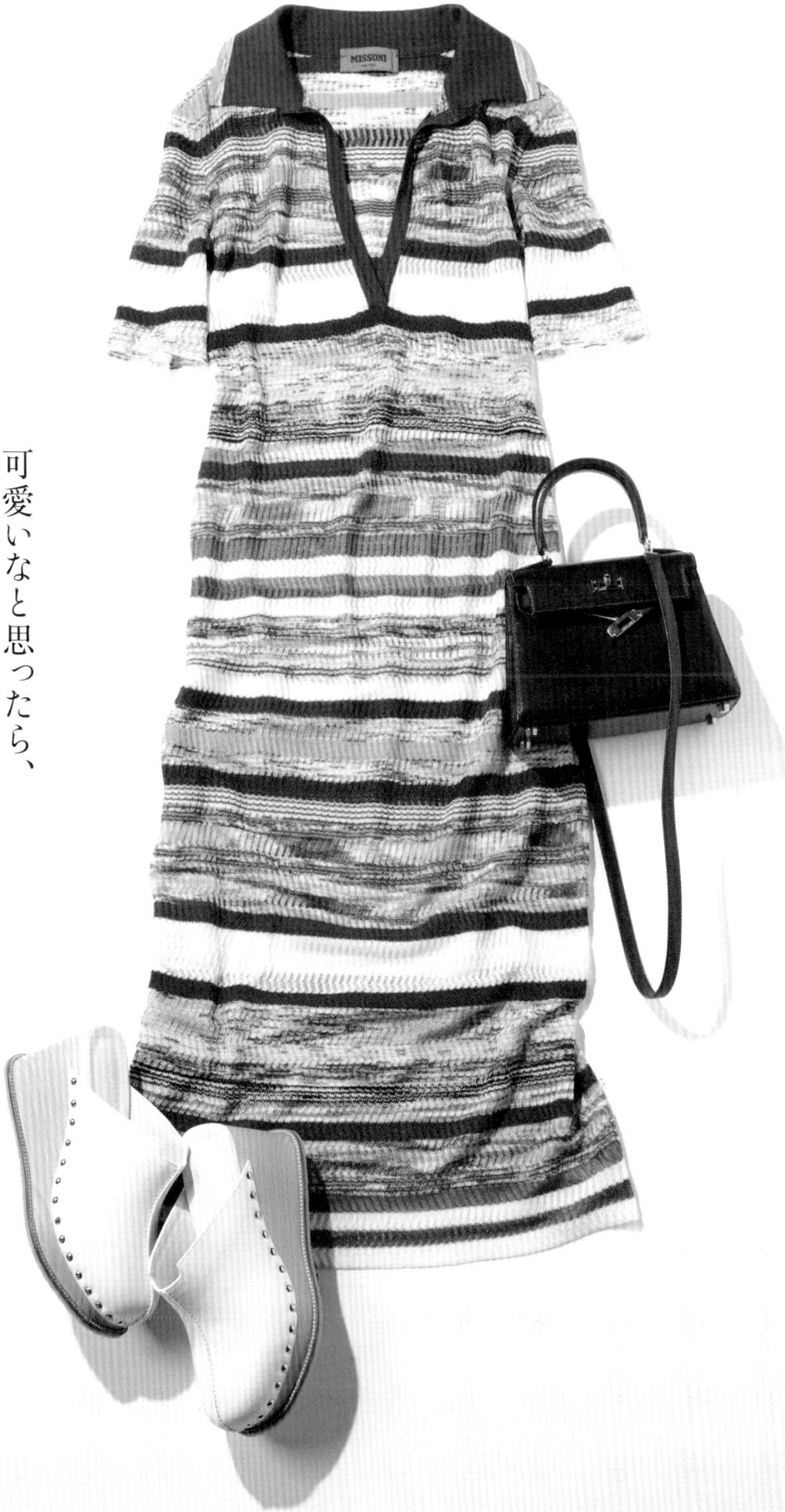

Knit
no.05

シンプルなニットに、
大胆なスリットのギャップがいい。

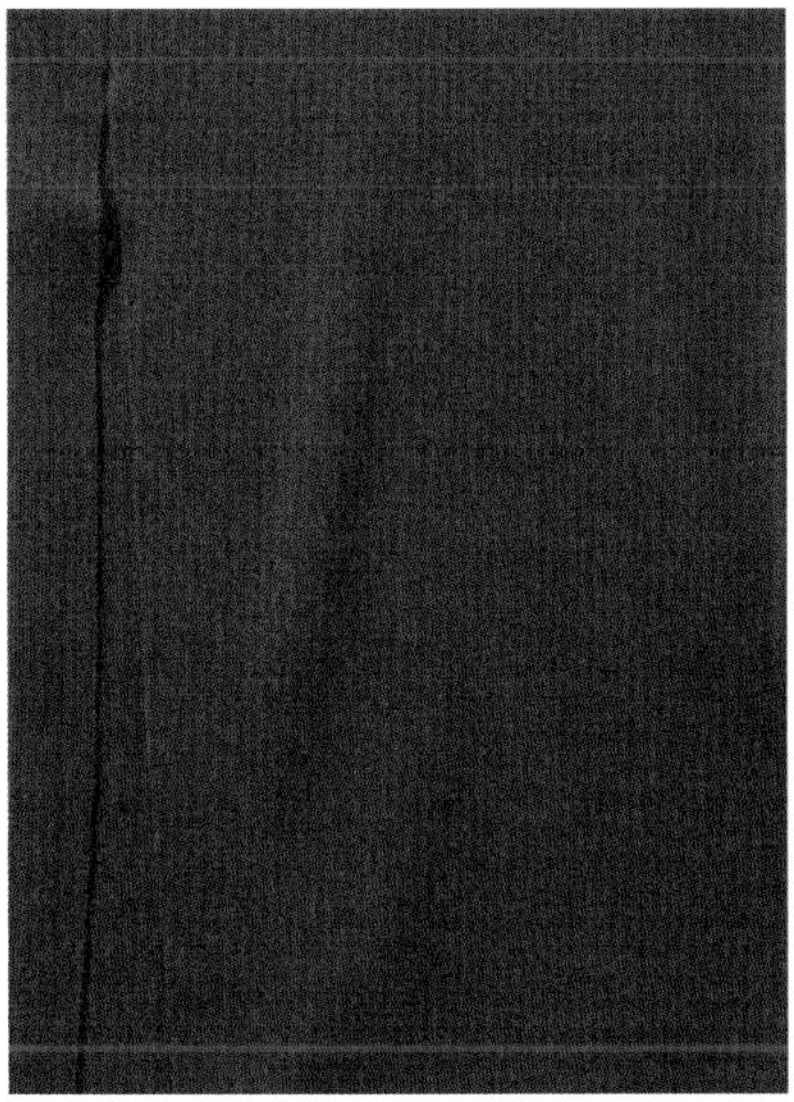

LEMAIRE

SIDE SLIT KNIT DRESS

このワンピースはルメールのもの。肌触りのいい、カーキを感じるチャコールグレーのニットワンピースです。一見シンプルなんだけど、サイドに大胆なスリットが入っているギャップがお気に入り。ブーツを履いたり、色のあるタイツやソックスをはいたときに、アクセントでちらっと見えるのが可愛いんです。

ニットらしくカジュアルに着て、気のおけない友達と会うときや、近所にご飯を食べに行くときなど、普段着として活用しています。

ウールの素材なので、冬になったら厚手のタイツをはいて、首元にはマフラーをくしゅっと巻いて着ています。

ビビッドな黄色でハイコントラストに

レザーのレインブーツはプラダのもの。キャンバス素材とレザーが切り替えになっていて、機能的で雪のときにも暖かいんです。ちょっとアクセントになる靴が履きたいときなど、ポイントになるのでずっと取っておきたい保管対象。深い緑のカラーがこのワンピースのカーキにマッチするし、サイドの黄色いタブがスリットからちらっと見えるのもお洒落。そこにキャンバストートで遊び心をひとさじ。これはプランＣの「ビアンカ」というアイコンキャラクターがプリントされていて、使い勝手の良いカジュアルバッグです。

ワンピース／ルメール
キャンバストートバッグ／プランＣ
ブーツ／プラダ
（以上すべて本人私物）

カジュアルに着るなら、
色もアイテムも遊びたい。

Question 03
お洋服の保管方法は?

Answer

**いいものは長持ちするけど、
できるだけ傷めない努力をする。**

同じものを何度も着ないので、一度着ただけで毎回クリーニングに出したりはしていません。カシミヤなどは頻繁にクリーニングに出さない方が風合いが損なわれないと聞くので。季節の終わりには一度陰干しして、ブラシをかけて、できるだけ布のガーメントケースに入れて保管します。それと、臭いのしない防虫剤も置いています。マンションで湿気が少ないこともあり、今のところ一度も虫に食われたことはないです。レザーのシューズなども、買ったらまずミンクオイルで磨きます。人間もお洋服もケアは大事ですね（笑)。

ときには、明るい色も着たい。

01／

黒ばかり着ている私でも、たまに色が素敵なワンピースを着たくなることがあります。ずっと黒が続くと「ちょっと差し色を入れたいな」と思ったりして、色物に手が伸びる。それでまた落ち着くからと黒や紺に戻る。その時々の気分でちょっと派手な色を選んでいる模様。鮮やかな色は夏のほうが着たくなるので、自然と薄手の服に偏っているかもしれない。日差しのせいでしょうか。それとも年齢のせい？　派手な柄や色を着るようになったのはここ近年の傾向です。

01／マルニのもので、同じデザインで花柄もあったのですが、このときはこの鮮やかな水色が着たい気分だったんだと思います。やはりインパクトが強くてそう何回も着られなかったけど、こう見るとまた可愛いなって思ってしまいます。

02

03

04

COLOR DRESS ATTITUDE

02 これはマメ クロゴウチのもの。私のワードローブの中でカーキはものすごく珍しいんです。これは黒もあったはずなんだけど、「たまにはカーキでも」と思ったんです。

03 還暦の記念に撮った写真です。私物ではなくて、スタイリストさんに用意してもらいました。メゾン マルジェラのもので、赤というより朱に近い色。赤って普段は着ないけれど、私の中では特別な色です。思い返せば『VERY』の創刊号も、『STORY』の創刊号も赤だった。節目を飾る色なんですね、きっと。赤はインパクトがあるし、見ていて元気が出る色だなって思います。

04 こういう真っ白もわりと珍しいですね。プレインピープルのものなんですが、洗濯機で洗えるから結構愛用して、最終的には娘が気に入って着ていました。

Chapter 4

,

This is My Special.

特別なシーンで着るものも、「お気に入り」がいい。

日常ではそうそう着られないけれど、特別な予定があるときに袖を通すスペシャルなワンピース。買うときも、着ているときも、持っているだけでも気持ちを高揚させてくれる。普段着ているワンピースももちろん好きだけど、ラグジュアリーな一枚はやっぱりひときわ愛おしく感じます。

ブランドで長く愛されてきたエタニティなデザインのものはその代表格。表紙のディオールのワンピースも、メゾンを象徴するミディドレスで、私の中の大好きを詰め込んだ理想のシルエットだなと思っています。

一番最初に特別なワンピースを買ったのは、シャネルのもの。仕事でパリのシャネルに行ったときに「せっかくだから何か買いたい」と思って買った記憶があります。紺色で、これぞシャネルっていうボタンのデザイン。丈がスラッと長くて、下にだけプリーツがついていた。これは今でもよく覚えています。周りが結婚ラッシュで、友達の結婚式に着ていったこともあるから、まだ20代だったと思います。もう40年も前のものだし、どういう経緯で手放したのかも思い出せないけれど、置いておけばよかったなぁと今でも恋しくなる。その後シャネルを買うようになったのはずいぶん経ってからなので、本当に特別な一枚でした。

私が好きなのは、シンボリックな柄やビジューなどで飾るのではなく、シルエットそのものの美しさで魅せるもの。裁断や生地の加工、縫製の工夫で作り上げられているものは、どんな姿勢でも自分を素敵に見せてくれます。私はよく、「お洋服のパワーを借りる」と言ったりするけれど、ラグジュアリーなワンピースはその中でもひときわ強いパワーの持ち主ですね。

ただ、高くて素敵なブランドのものなら何でもいいというわけじゃない。高いからこそその分ちゃんと好きが詰まっていて、使えて、また着たいなと思える。そんなお気に入りが欲しいのです。私は何か予定ができてから、焦ってたいして気に入らないものを買うのが嫌なので。好きな服に出会ったときに「こういうときに使えるな」ってイメージして、あらかじめ買って自分のワードローブに加えておく。「パーティのときはこの靴が合うな」とか、「アクセサリーを替えれば冠婚葬祭に着ていけるな」とか、かなり妄想しています。せっかく買うんだから、無駄な買い物にはしたくないですから。

あまりにも旬なものは、なるべく買わないようにしています。「あのときのあれだ」と自分でも思うし。それよりも、シンプルなものやオーセンティックなものを買えば、時代を問わず長く好きでいられる。高価な服を勇気を出して買ったとしても、「次の年には多分着なくなるだろうなぁ」と思ったらそんな金額は出したくない。「これは好きだな」「これなら長く着られそうだな」というジャッジなので、自然とシンプルな黒のワンピースが増えているのかもしれません。

「私にはそんな機会はないわ！」と思う方もいるかもしれないけれど、ちょっと素敵なお食事会や観劇に自分の「好き」なワンピースを着て出かける。そんな予定を作ってみるのはとても楽しいと思います。素敵な服を着て、素敵な予定をイメージするだけでも、すごくワクワクします。私はお気に入りの素敵なワンピースでパリの街を歩きたい。

This is My Special.

エタニティな魅力のディオール。

今シーズンに買ったディオールのアイコニックなワンピース。私の中ではこれぞ“ワンピース”という形です。ウエストがキュッと締まったAライン、立体的なファブリック、小さめの襟から胸にかけての開き具合。すべてのさじ加減がグッときて、着ている時間は幸せを感じます。今回はアクセサリーはシンプルなパールにして、クラシックなスタイリングに。

ワンピース、時計／ともにディオール、バッグ／ザ・ロウ、ネックレス／ブランド不明、シューズ／セルジオ ロッシ（以上すべて本人私物）

special no.01

DIOR

special no.02

Alexander McQUEEN

リッチなボリュームのマックイーン。

ビジューなどの飾りはないけれど、ゴージャスなワンピース。麻にコーティングがしてあるような生地なので張り感があり、その分ボリュームも出て華やかです。海外でのディナーやソワレで着たいドレス（あくまで妄想）。胸元が大胆なので、あえてアクセサリーはシンプルに。ボン マジックの個性的なパールのネックレスをアクセントにしています。

ワンピース／アレキサンダー・マックイーン、ネックレス／ボン マジック、シューズ／セルジオ ロッシ（以上すべて本人私物）

活躍の幅が広いアライア。

ひとつは欲しいと憧れていたアライアです。計算しつくされたニットのデザインで、ウエストからの広がり方がとても素敵。首周りや袖口、裾にあしらわれているペプラムもほどよい大きさでとても可愛い。このワンピースには、私の「好き」が詰まっています。お仕事のイベント、結婚式、靴をカジュアルにして食事会などよく活躍しています。

ワンピース、クラッチバッグ／ともにアライア、リング／ポメラート、時計／カルティエ、シューズ／ピエールアルディ（以上すべて本人私物）

special no.03

ALAÏA

special no.04

VALENTINO

上品でオーセンティックなヴァレンティノ。

とてもヴァレンティノらしい美しいワンピースだと思います。上半身は肩もフィットしていてわりと細身ですが、ウエストから下は三角の生地が仕込まれていて、豊かなドレープが広がる。たっぷりとしたスカート部分がとても贅沢にできていて、黒の華やかさを存分に見せてくれるワンピースです。足元はグッチのヒールです。黒に黒の小さなビジューがついているパーティシューズ。ヒールが高くて、歩くのは大変なんですけどね。

ワンピース／ヴァレンティノ、ネックレス／ブランド不明、シューズ／グッチ（以上すべて本人私物）

special no.01

DIOR

パールとブラックで、とことんクラシカルに。

special no.02

Alexander McQUEEN

個性的なアクセサリーで、
胸元に変化をつけて。

special no.03

ALAÏA

ミニマムにまとめて、
可愛らしく上品に。

special no.04

VALENTINO

ファッションジュエリーと
オープントゥで洒落感を。

Special Talk

黒田知永子×スタイリスト 佐伯敦子

黒田さんとは20年近いお付き合いになるという、スタイリストの佐伯敦子さん。
番外編として「黒田さんに似合うワンピース」の
スタイリングを用意していただきました。
好みが似ているというお二人にファッションの話を伺います。

──お二人の出会いは？

佐伯　きっかけは共通の知人の紹介です。チコさんが仕事でスタイリストを探しているということで、その知人が「合うと思うよ！」と紹介してくれました。一緒に食事をしたのが初対面。

黒田　初めて仕事をしたのは『STORY』に出ていた頃で、確かテレビの仕事だったと思う。

佐伯　お互いのことは知人伝いで聞いていました。でも、世代が少し下だったのと、その当時雑誌も違ったし、お互い会う機会がなかったから、あんまりよく知らなかったんですよね。「あの表紙の人ね」という感じで。

黒田　限られた人達との仕事が多かったので、少し世界を広げたいと思っていた時期だったんですよね。

佐伯　もともと『エクラ』は創刊当初からスタッフとして参加していました。そこにチコさんが来ることになって。

黒田　仕事を一緒にする機会が増えて、気が合ったということもあり、一緒に買い物に行ったり、旅行に行くようになった。

佐伯　チコさんとは服の好みや食べ物の好みが似ていて、選ぶメニューも一緒のことが多い。

黒田　好きなテイストが共通！

佐伯　いろいろ同じものを持っているよね。

黒田　知り合う前のものなのにね（笑）。

──佐伯さんのスタイリングのどういうところが好きですか？

佐伯　知ってるよ私（笑）。安心安全でしょ？

黒田　違うよ、「安心と信頼の佐伯敦子」（笑）。すごくいいときもあるけど、そうじゃないときもあるみたいなタイプのスタイリストさんもいるけど、そういうことがないんですよね。ちゃんと似合うものを持ってきてくれる。私の周りは、そういう裏方に徹したすごいプロの人たちが多いなと思っています。いろいろと助けてもらっています。

”オーソドックスで、ポイントで効かせる。
チコさんにはそんなお洋服が似合います“

by
佐伯さん

——今回のスタイリングについて、ポイントを教えて下さい。

佐伯　チコさんの好きなワンピースのシルエットはわかっているし、突飛なものを持ってきたとしてもそれを気に入るわけじゃないこともわかっているから、好きそうだけど持ってないだろうなというものを選びました。このワンピースは、オーソドックスなシルエットで、しっかりとしたコットン。ワークっぽい素材だけど、それにビジューがついているところがポイントです。ベルトやディテールがコートのようになっていて、このようなタイプは持っていないはず。

黒田　私、こういうの大好きだからね。単純に自分に似合うなと思います。襟元が小さくて、首が詰まっているデザインは好きだから。私は持っていないけど、知っていたら買っていたかもしれない。

——佐伯さんから見て、黒田さんの好みの変化は感じますか？

佐伯　ファッションの幅が広がったよね。昔はもっときれいめだった。髪形にしても今より正統派だった気がする。

黒田　世の中がそういう流れだったの。『エクラ』の途中から徐々に変えていって、卒業してからはもっと自由になった。気持ちも変わったのかな？着るものの幅が広がった？

佐伯　広がったよ〜。自分が好きなものを見つけ出す力がすごくあるから、今まで足を踏み入れなかったお店でも自分らしいものも発見してたね。

——お二人はどういう感じでお買い物するんですか？

佐伯　私は気に入ればすぐに買うタイプ。チコさんは一回持ち帰って考えようとする。そこでほぼ決まっているのに。「どうせ買うんだから二度手間じゃない？」といつも言うんだけど。

黒田　だって、帰ったときには忘れてるものもたまにあるのよ（笑）。

佐伯　でも、見つけるのは本当に早いよね。すぐ欲しいものを手に取ってる。逆にどんなに好きな店に行っても、好きじゃなかったら何も買わずに帰る。常に一緒に買い物してるわけじゃないけど。

黒田　私たちは基本的に一人で行動するからね。たまに、「今日伊勢丹に行くよ」と聞いたら、「あ、私も行く！」という感じの気軽なスタンス。

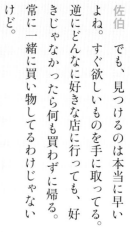

佐伯 何の約束もしてないときに行くことが多い。

黒田 それで毎回お気に入りの店でご飯食べたり、お茶飲んだりしてるよね。

——ユナヒカチエコについて聞かせてください。

黒田 「一緒にユナヒカで何か作らない?」って誘ってくれたんだよね。ちょうどコロナ禍で二人とも暇だったし。

佐伯 好きなお洋服があっても、コストパフォーマンスに納得のいくものがどんどん減ってきていて、「もう少し手頃で可愛いものがあるといいよね」という話を常々していたんです。「チコさんはデニムが好きだから、作ってみようか」ということになりました。それが始まり。

黒田 好みの似た二人が、好きな服を作ってるんだよね。

——最後に黒田さんから佐伯さんへ一言。

黒田 私たちってお互いに洋服道楽だと思うんだけど、ずっと好きなものを着て、お洒落心を忘れずに、このまま楽しく過ごして行けたらいいよね。また一緒に旅行に行ったり、一緒に楽しめる何かを見つけたり。そうやってこれまで通り、これからも末永くよろしくお願いします。

Profile: 佐伯敦子 *Atsuko Saeki*

スタイリスト／ブランド・yunahicaディレクター

編集、パリ在住経験を経て、現在に至る。美意識の高さや鋭い審美眼で、各界のクリエーターはもちろん、モデル、女優からの信頼も厚い。

おわりに

ここまで、私の大好きなワンピースたちを紹介してきました。
もしかしたら「こんなに高い服ばっかり買って！」と思われるかもしれません。
たしかに贅沢だけれど、作った人のこだわりや、その服のパワー、
そしてそれが好きという気持ちが私をとてもハッピーにしてくれます。
もうひとつマンションが買えたかな……（笑）、
無駄遣いだったかなと思うときもあるけれど、
そのときそのときを楽しんでお洒落をしてきました。
このお洋服たちは私の財産。
モデルという仕事も、この洋服愛があったからこそ
長く続けてこれたのかもしれない。
たくさんのお洋服を着てきたからこそだと思うし、
私の洋服愛は全然無駄じゃなかったのかな。
Going My Way でもあるし、まさに Only My Way。
ファッションは私の幸せの源です。
私の趣味の偏った洋服愛をとことんご紹介してきましたが、
少しでも皆さんのお洋服選びや着方のヒントになれば嬉しいし、
この本を通じて、私の思うワンピースの楽しさが
共有できたら何よりだと思います。

黒田知永子

Profile

黒田知永子

Chieko Kuroda

1961年、東京都生まれ。大学生のときに雑誌『JJ』でモデルデビュー。『VERY』『STORY』『éclat』の初代カバーモデルを歴任。女性誌だけでなく、テレビ番組やCMなどでも幅広く活躍中。同世代はもちろん、年齢や世代を問わないファッションアイコンとして、高い支持を得ている。
Instagram @kuroda_chieko

Staff Credit

Design
ARISA OHKUBO

Photography
model, p.002-003
YUJI TAKEUCHI [BALLPARK]
still
MARI YOSHIOKA

Styling
ATSUKO SAEKI

Hair and Make-up
KYOKO FUKUZAWA

Artist Management
SHUHEI NAKAMURA [ACURA]

Editor
NATSUKO WADA [takarajimasha]

Editor & Writer
MIKA ADACHI

黒田知永子
Only My Way
とっておきのワンピース

2024年5月10日　第1刷発行

著　者　黒田知永子
発行人　関川 誠
発行所　株式会社宝島社
〒102-8388
東京都千代田区一番町25番地
電話　編集：03-3239-0928
　　　営業：03-3234-4621
https://tkj.jp
印刷・製本　図書印刷株式会社

Printed in Japan
ISBN978-4-299-05039-7